Demokratie? Na klar! Denn mit ihr schaffen wir alle zusammen ein friedliches Miteinander.

Inhalt

Das gibt es alles zu entdecken!

Was ist Politik?

Dazu gehören alle Handlungen, die notwendig sind, um das Zusammenleben in einer Gesellschaft zu regeln. Politik wird also nicht nur von Politikerinnen und Politikern gemacht, sondern von allen Menschen, die sich in der Gesellschaft engagieren.

Gemeinsam
für
alle!

Freiheit + Gleichheit + Vielfalt = Demokratie

MITMACHEN ERWÜNSCHT!
Jeder Mensch hat unterschiedliche Talente, Ideen und Vorstellungen. Ist es nicht toll, dass in einer Demokratie alle ihre Fähigkeiten einbringen können, um unsere Gesellschaft zu verbessern?

Was ist Demokratie?

→ ***Volksherrschaft***
In Demokratien bestimmt die Bevölkerung in freien Wahlen, wer für eine festgelegte Zeit regiert.

→ ***Meinungsfreiheit***
In einer Demokratie dürfen alle frei ihre Meinung äußern.

NIEMAND HERRSCHT ALLEIN
In Demokratien können Menschen selbstbestimmt und in Freiheit leben.

Das Volk bestimmt, wo's langgeht

Im Wort Demokratie steckt bereits drin, worum es geht: *Demos* ist das altgriechische Wort für Volk, *Kratos* bedeutet Macht. In einer Demokratie liegt die Macht also in den Händen des Volkes.

Wer hat die Macht?

Anders als in sogenannten autokratischen Herrschaftsformen gibt es in einer Demokratie keine einzelne Person, der man sich unterordnen muss. Stattdessen bestimmen die Bürgerinnen und Bürger selbst, wer regiert: Dazu wählen sie Vertreterinnen und Vertreter, die zusammen das Parlament bilden.

Die Macht wird geteilt

Die Macht ist in einer Demokratie auf mehrere Bereiche aufgeteilt, die sich gegenseitig kontrollieren. Das nennt man Gewaltenteilung. Die Regierung trifft politische Entscheidungen für ein Land. Sie schlägt Gesetze vor und sorgt dafür, dass beschlossene Gesetze umgesetzt werden. Über neue Gesetze entscheidet das Parlament. Die Gerichte treten in Aktion, wenn sich jemand nicht an die Gesetze hält.

Für alle gleich

In einer Demokratie gibt es auch Pflichten: So müssen sich alle Bürgerinnen und Bürger an die Gesetze halten. Denn diese regeln das Zusammenleben und schützen die Freiheit jedes Einzelnen. Die Gesetze gelten für alle Menschen gleich: egal woher sie kommen, was sie glauben oder welchen Beruf sie haben.

Was gibt es sonst noch?

1 *Monarchie*

In einer Monarchie ist das Oberhaupt des Staats eine einzelne Person: etwa eine Königin oder ein Kaiser. Das Amt wird häufig an ein Familienmitglied vererbt. In einer absoluten Monarchie herrscht der Monarch oder die Monarchin. In anderen Monarchie-Formen liegt die Macht bei einem demokratischen Parlament. So ist es etwa in Großbritannien.

2 *Diktatur*

In einer Diktatur liegt die alleinige Macht bei einer einzelnen Partei oder Person. Freie Wahlen finden nicht statt. Menschen, die eine andere Meinung vertreten, werden unterdrückt. In vielen Diktaturen sind die Herrschenden mit Gewalt an die Macht gekommen, indem sie vom Militär unterstützt wurden.

WELTWEIT
Nur jeder vierte Mensch auf der Welt lebt momentan in einer stabilen Demokratie.

Welche Bausteine hat ein Staat?

Beispiel Deutschland: So funktioniert unser Staat

Die obersten Einrichtungen in einem Staat bezeichnet man als Verfassungsorgane. Jedes Organ hat eine bestimmte Funktion. Gemeinsam sorgen sie dafür, dass der Staat funktioniert. Außerdem kontrollieren sie sich gegenseitig. Deutschland hat fünf ständige Verfassungsorgane, die es immer geben muss.

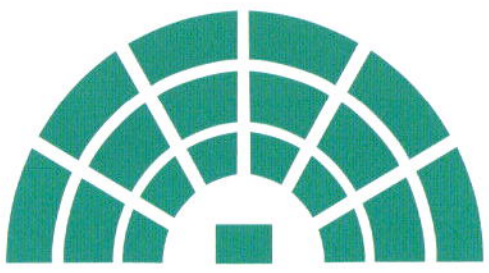

Bundestag

(Berlin)
Der Deutsche Bundestag ist das Parlament der Bundesrepublik Deutschland. Seine Mitglieder, die sogenannten Abgeordneten, werden von den Bürgerinnen und Bürgern gewählt. Der Bundestag wählt die Bundeskanzlerin oder den Bundeskanzler und stimmt über Gesetze ab. Außerdem kontrolliert er die Arbeit der Bundesregierung. Dafür findet unter anderem regelmäßig eine Fragestunde statt: Dann befragen die Abgeordneten die Mitglieder der Regierung zu bestimmten Themen. Der Bundestag kann außerdem im sogenannten Misstrauensvotum darüber abstimmen, ob er noch hinter der Regierung steht. Falls nicht, muss die Regierung zurücktreten. Dann wählt der Bundestag eine neue Bundeskanzlerin oder einen neuen Bundeskanzler.

Bundespräsidentin/ Bundespräsident

(Berlin)
Der Bundespräsident/die Bundespräsidentin hat das höchste Amt im Staat. Zu den Aufgaben gehören: das Grundgesetz zu schützen, den Staat zu vertreten und für ein geeintes Deutschland zu sorgen. Im politischen Tagesgeschäft ist das Staatsoberhaupt nicht oft gefragt, aber es ist an der Ernennung der Kanzlerin/des Kanzlers beteiligt und könnte sie oder ihn ablehnen. Zudem sind alle Gesetze erst gültig, wenn die Bundespräsidentin/der Bundespräsident sie unterschrieben hat. Das ist aber reine Formsache: Bislang wurden nur eine Handvoll Gesetze nicht unterschrieben. In diesen Fällen musste das Gesetz vom Bundestag überprüft und angepasst werden.

Bundesregierung

(Berlin)
Die Regierung leitet den Staat. An der Spitze steht der Bundeskanzler oder die Bundeskanzlerin. Er oder sie wird vom Bundestag gewählt und bestimmt dann die Ministerinnen und Minister. Diese leiten wiederum ein Ministerium. Jedes Ministerium hat ein anderes Aufgabengebiet, um das es sich kümmert: zum Beispiel die Außenpolitik oder die Familienpolitik.

DAS REICHSTAGSGEBÄUDE
Der Bundestag arbeitet im Reichstagsgebäude in Berlin. Hier treffen sich die Abgeordneten im Plenarsaal. Dieser wird über die riesige Glaskuppel mit Tageslicht und Frischluft versorgt.

Bundesverfassungsgericht

(Karlsruhe)
Das Bundesverfassungsgericht ist die »Hüterin der Verfassung«. Denn es kümmert sich darum, dass kein Gesetz gegen unser Grundgesetz verstößt. So können alle Bürgerinnen und Bürger, aber auch die einzelnen Verfassungsorgane oder die Landesregierungen ein Gesetz vom Bundesverfassungsgericht überprüfen lassen, wenn sie glauben, dass es dem Grundgesetz widerspricht. Zudem schlichtet das Gericht, wenn sich zwei Verfassungsorgane über ihre Rechten und Pflichten streiten.

Bundesrat

(Berlin)
Der Bundesrat besteht aus Mitgliedern der einzelnen Landesregierungen. Sie vertreten die Interessen der 16 Bundesländer. Der Bundesrat prüft alle Gesetze, die die Bundesregierung entwirft. Außerdem muss er bei bestimmten Gesetzen zustimmen, damit diese gültig werden.

Das Herz der Demokratie

PLENARSAAL DES BUNDESTAGES
Der Bundestag bringt in einem Jahr zwischen 115 und 205 Gesetze auf den Weg. Zuerst diskutieren die Abgeordneten den Gesetzentwurf in kleineren Arbeitsgruppen. Diese heißen Ausschüsse. Danach kommen die Abgeordneten im Plenarsaal zusammen. Hier wird noch einmal darüber diskutiert – und dann abgestimmt.

Im Plenarsaal des Bundestages halten Abgeordnete ihre Reden, diskutieren und stimmen über Gesetzesentwürfe ab.

Wählen? Unbedingt!

Jede Stimme zählt gleich viel

Sag mal …

Theo, 8 Jahre
»Warum ist es so wichtig, wählen zu gehen?«

»Ganz einfach: Weil jede Stimme zählt! Und wer wählt, bestimmt die Zukunft mit.«

In einer Demokratie soll so regiert werden, wie es die Mehrheit möchte. Es wäre aber viel zu aufwendig, jeden Tag Millionen von Menschen über die unterschiedlichsten Fragen abstimmen zu lassen. Deshalb finden in regelmäßigen Abständen Wahlen statt. Dabei wählen wir Personen oder Parteien, die für uns politische Entscheidungen treffen sollen.

Was ist ein Parlament?

Ein Parlament ist eine Versammlung, in der die gewählten Personen, die sogenannten Abgeordneten, zusammenkommen. Neben dem Bundestag gibt es in Deutschland viele verschiedene Parlamente: Zum Beispiel den Landtag in den einzelnen Bundesländern oder den Stadtrat in einer Stadt. Außerdem haben viele Schulen ein eigenes Schülerparlament, in dem die Schülersprecherinnen und Schülersprecher sitzen. Wie sieht es an deiner Schule aus?

Wer wählt wen?

Egal, ob eine Klassensprecherin oder ein Klassensprecher gewählt wird oder der Deutsche Bundestag: Demokratische Wahlen laufen im Prinzip immer gleich ab. Es gibt eine Liste mit Personen oder Parteien, die zur Wahl stehen. Jede Person, die wählen darf, gibt ihre Stimme für ihren Favoriten ab. Anschließend wird gezählt: Wer die meisten Stimmen hat, hat die Wahl gewonnen.

VIEL ZU TUN!
Viele Menschen nutzen bei politischen Wahlen die Briefwahl: Dann füllt man den Wahlzettel zu Hause aus und schickt ihn als Brief los. Das Auszählen der Stimmen übernehmen ehrenamtliche Wahlhelferinnen und Wahlhelfer – eine wichtige Aufgabe!

Ab wann darfst du wählen?

In Österreich liegt das Mindestalter für alle politischen Wahlen bei 16 Jahren, in der Schweiz bei 18 Jahren. In Deutschland ist es etwas komplizierter: Für die Bundestagswahl musst du mindestens 18 Jahre alt sein. In einigen Bundesländern darfst du bereits mit 16 Jahren bei Landtags- oder Kommunalwahlen wählen, also den Wahlen in deiner Stadt oder Gemeinde.

WÄHLEN MIT 16
Soll das Alter für die Bundestagswahl auch in Deutschland auf 16 Jahre gesenkt werden? Darüber wird gerade viel diskutiert. Was hältst du davon?

Unsere Wahlen sind:

1 *Allgemein*
Alle Bürgerinnen und Bürger dürfen ab einem bestimmten Alter wählen. Dabei ist egal, wie viel Geld oder welches Geschlecht sie haben, ob sie eine Religion ausüben oder welche Hautfarbe sie haben.

2 *Unmittelbar*
In Deutschland und Österreich wählen wir unsere Vertreterinnen und Vertreter direkt, also »unmittelbar«. Es gibt – anders als zum Beispiel in den USA – keine Wahlleute, die den Präsidenten oder die Präsidentin wählen.

3 *Frei*
Jeder Mensch darf ganz frei entscheiden, wen er wählt. Es darf keinen Zwang geben, und niemand darf bei seiner Entscheidung beeinflusst werden.

4 *Gleich*
Jede abgegebene Stimme zählt gleich viel.

5 *Geheim*
Wen du wählst, geht nur dich etwas an! Deshalb werden in den Wahllokalen extra Wahlkabinen aufgestellt. Zudem faltet man den Wahlzettel, bevor man ihn in eine verschlossene Wahlurne wirft.

Hart erkämpft

Der lange Weg zum Frauenwahlrecht

Heute ist es für uns völlig klar, dass Frauen und Männer die gleichen Rechte haben. Das sah vor gut 100 Jahren allerdings noch anders aus! So waren damals in Deutschland, Österreich und in der Schweiz nur Männer wahlberechtigt. Die Frauen mussten sich dieses Recht erst noch hart erkämpfen.

FRAUENWAHLRECHT IN DEN USA
1920 erkämpften sich die Frauen in den USA das Wahlrecht. Zum 75. Jubiläum erinnerten sie mit einer großen Demo an die mutigen Kämpferinnen von damals.

Kein Wahlrecht für Frauen!

Lange Zeit hatten Frauen in Deutschland viel weniger Rechte als Männer: So durften sie zum Beispiel kein Abitur machen oder studieren. Zudem durften sie weder wählen noch sich als Kandidatin zur Wahl stellen. Viele Männer vertraten die Meinung, dass Frauen für die Politik nicht geeignet seien. Auch wenn sie arbeiten gingen, die Kinder erzogen und den kompletten Haushalt führten!

Seit wann dürfen Frauen wählen?

Mit der Zeit nahmen immer mehr Frauen diese Ungerechtigkeit nicht mehr hin. Sie demonstrierten und setzten sich für ihre Rechte ein. Ab 1900 ging es aufwärts: Die ersten Frauen nahmen ein Studium auf. Und 1918 erhielten sie in Deutschland und Österreich endlich das Wahlrecht. In der Schweiz dauerte es noch bis 1971.

SPÄT DRAN
1969 demonstrierten Männer, Frauen und Kinder in der Schweizer Stadt Bern für das Frauenwahlrecht: Und es wirkte!

»Wir waren bereit, Gesetze zu brechen, um die Männer zu zwingen, uns das Recht zu geben, Gesetze zu machen.«

Emmeline Pankhurst, britische Frauenrechtlerin

1. Erster!

1893 führte Neuseeland als erstes Land der Welt das Frauenwahlrecht ein. 1906 war Finnland das erste europäische Land.

2. Bei uns

In Deutschland und Österreich dürfen Frauen seit 1918 wählen und gewählt werden.

3. Und sonst so?

Ein paar Beispiele aus der ganzen Welt: Dänemark führte das Frauenwahlrecht 1915 ein, die Niederlande 1917, die USA 1920, Irland 1922, Großbritannien 1928, Italien und Frankreich 1944.

4. Schnarch ...

Absolute Nachzügler in Europa waren die Schweiz (1971), Portugal (1974) und Liechtenstein (1984).

WIE KÄMPFTEN DIE FRAUEN FÜR DAS WAHLRECHT?
Sie gründeten Frauenvereine, hielten Vorträge, schrieben Artikel und verteilten Flugblätter. Und natürlich haben sie Demonstrationen organisiert, wie hier in Berlin 1912.

Das gilt nicht!

Eine Stimme zählt nur, wenn man eindeutig erkennen kann, für wen gestimmt wurde. Wer also mehrere Kreuze setzt, obwohl nur eines erlaubt ist, macht den Wahlzettel ungültig. Was ebenfalls nicht gilt: etwas durchstreichen oder eine Notiz auf den Wahlzettel kritzeln. Manche Menschen drücken damit übrigens ihren Protest aus. Das ist erlaubt!

»Wir Wahlurnen sind von Natur aus verschlossen. Für dich mache ich aber eine Ausnahme.«

Wahlurne

Im Gespräch mit …

der Wahlurne
Da sie eine passende Form haben und sich gut ineinander stapeln lassen, werden in Deutschland häufig Mülleimer als Wahlurnen verwendet (natürlich komplett neue und blitzsaubere).

HALLO, STIMMT ES, DASS WAHLURNEN EHER VERSCHLOSSENE TYPEN SIND?

Ja, das stimmt. Schließlich müssen wir dafür sorgen, dass die Wahl geheim bleibt. Und das funktioniert am besten, wenn unser Deckel während der Wahl fest verschlossen ist. Damit die Leute trotzdem ihren Wahlzettel einwerfen können, haben wir oben einen Schlitz. Der ist gerade so dünn, dass man zwar etwas reinwerfen, aber nichts rausstibitzen kann.

UND WANN WIRST DU AUSGELEERT?

Erst am Ende des Wahltags. Dann wird mein Deckel geöffnet und der Inhalt herausgeholt. Nach einem langen Wahltag ist das sehr erleichternd! Dann sind die Wahlhelferinnen und -helfer gefragt: Erst prüfen sie die Anzahl der Stimmzettel und dann geht's ans Zählen der Stimmen.

WOHER WEISS MAN, WIE VIELE STIMMZETTEL ES SEIN SOLLEN?

Weil die Helferinnen und Helfer genau mitgezählt haben, wie viele Leute bei der Wahl waren. Wenn die Anzahl stimmt, sortieren sie ungültige Wahlzettel aus und zählen die Stimmen für die einzelnen Personen und Parteien.

Lesen, reden, zuhören

Was machen Abgeordnete bei der Arbeit?

Du hast keine Angst davor, Reden zu halten, sprichst gerne mit Menschen, und selbst bei langen Besprechungen bleibst du locker und konzentriert? Dann wäre die Arbeit der Abgeordneten im Bundestag etwas für dich! Außerdem nötig: Geduld und Überzeugungskraft. Und nun schauen wir uns mal an, was Abgeordnete eigentlich genau machen.

Wo arbeiten die Abgeordneten?

Die Abgeordneten des Bundestags haben gleich zwei Arbeitsorte: In den Wochen, in denen der Bundestag zusammenkommt, sind sie in Berlin: Sie arbeiten im Parlament und nehmen an vielen Treffen und Sitzungen teil. In den Wochen ohne Sitzungen sind sie in ihrem Wahlkreis. So nennt man die Region, in der die Abgeordneten gewählt worden sind.

IMMER IM GESPRÄCH
Die Abgeordneten nehmen nicht nur an den Sitzungen des Bundestags teil. Sie treffen sich auch in zahlreichen anderen Sitzungen und Arbeitsgruppen.

Ein typischer Arbeitstag im Wahlkreis

9.00 Uhr – 9.30 Uhr:
Die Abgeordnete oder der Abgeordnete bespricht mit dem Büroteam, welche Themen gerade in der Gemeinde wichtig sind.

10.00 Uhr – 11.30 Uhr:
Besuch der 4. Klasse der städtischen Grundschule

12.00 Uhr – 13.30 Uhr:
Treffen mit Bäckerinnen und Bäckern der Stadt

14.00 Uhr – 15.00 Uhr:
Büroarbeit: E-Mails lesen und beantworten und Informationen über anstehende Themen sammeln

16.00 Uhr – 18.00 Uhr:
Sprechstunde für Bürgerinnen und Bürger: Alle, die mit der oder dem Abgeordneten sprechen wollen, können vorbeikommen.

19.00 Uhr:
Besuch der Jahreshauptversammlung der freiwilligen Feuerwehr

ALLE MAL HERHÖREN!
In einer Pressekonferenz informieren die Politikerinnen und Politiker, was sie beschlossen haben oder welche Meinung sie vertreten.

WAS DENKT IHR?
In Bürgerversammlungen oder Bürgersprechstunden beantworten die Abgeordneten die Fragen der Bürgerinnen und Bürger.

Was genau machen sie in Berlin?

Im Bundestag halten die Abgeordneten Reden, hören zu und stimmen über Gesetze ab. In kleineren Arbeitsgruppen diskutieren sie über bestimmte Themen oder neue Gesetzesentwürfe. Da sie für ihre Arbeit über viele Themen gut informiert sein müssen, lesen sie viele Dokumente, aber auch Zeitungsartikel.

Wie wird man Politiker oder Politikerin?

Wer in der Politik arbeiten will, tritt am besten in eine Partei ein. Meist engagiert man sich erst in der Jugendgruppe, in seiner Gemeinde oder in seiner Stadt. Wer sich über längere Zeit regelmäßig mit Ideen einbringt und Menschen von sich überzeugen kann, hat dort Chancen auf ein politisches Amt. Oder man kommt auf die Liste der Kandidatinnen und Kandidaten für die nächste Wahl. Erhält man genug Stimmen, wird man Abgeordneter oder Abgeordnete – zum Beispiel im Stadtrat, im Landtag oder im Bundestag.

ZUHAUSE IM WAHLKREIS
Regelmäßig sind die Abgeordneten auch in ihrem Wahlkreis. Sie sind dort bei vielen Veranstaltungen und tauschen sich mit Behörden, Firmen und natürlich auch den Wählerinnen und Wählern aus.

Alles so schön bunt hier!

Jede Partei hat ihre Farbe

In der Politik geht es ziemlich bunt zu: So gibt es rote, schwarze, gelbe, grüne oder blaue Parteien. Jede dieser Farben steht für eine Partei oder eine politische Richtung.

Was ist eine Partei?

Eine Partei ist ein Zusammenschluss von Menschen, die ähnliche Interessen haben und ähnliche Ansichten vertreten. Manche Parteien setzen sich stark für die Umwelt ein. Andere legen mehr Wert auf Traditionen oder auf technischen Fortschritt. Was Parteien wollen, kann man in ihrem Parteiprogramm nachlesen: Darin erklären sie, welche Ziele sie zum Beispiel im Umweltschutz und in der Verkehrspolitik verfolgen.

Wer gehört zu welcher Partei?

Die Kandidatinnen und Kandidaten, die bei einer politischen Wahl antreten, gehören meistens einer Partei an. Das macht es für alle, die wählen, einfacher: Auch wenn sie die Personen nicht genau kennen, verrät ihnen der Name der Partei, für welche Themen sie sich einsetzen.

Mit Vollgas in den Wahlkampf!

Parteien versuchen vor einer Wahl, möglichst viele Menschen von ihrem Parteiprogramm zu überzeugen: Auf Plakaten, in Broschüren und im Internet sowie bei Fernsehauftritten und an Wahlständen in der Stadt erklären sie ihre Ziele und wie sie regieren werden, wenn sie die Regierung bilden.

Warum ist es gut, viele Stimmen zu bekommen?

Je mehr Stimmen eine Partei bekommt, umso mehr Abgeordnete ziehen für sie ins Parlament ein. Die Partei, die nach einer Wahl die meisten Abgeordneten hat, hat auch den größten Einfluss und kann am besten ihre Ziele durchsetzen.

Super Fakten

1 Eine Hip-Hop-Partei

2017 ist erstmals eine »Hip-Hop«-Partei bei einer deutschen Bundestagswahl angetreten. Sie hat ein ernst gemeintes Wahlprogramm und kann ganz normal gewählt werden. Bisher hat sie allerdings bei keiner Wahl genug Stimmen für den Einzug in ein Parlament bekommen.

2 Für gute Stimmung

In Island gab es mal eine »Best Party«-Partei. So ganz ernst zu nehmen war die aber nicht.

3 Enten an die Macht!

In Schweden erhielt auch schon mal eine „Donald Duck"-Partei Stimmen bei den Reichstagswahlen.

Eine Partei macht noch keine Demokratie!

Nicht überall da, wo es Parteien gibt, geht es demokratisch zu. In einigen Diktaturen hat zum Beispiel eine einzelne Partei das Sagen. Ein Kennzeichen der Demokratie ist daher, dass es mehrere Parteien gibt, die frei handeln können und für die die dieselben Regeln gelten. Denn nur so haben die Menschen eine echte Wahl.

Wer bestimmt, was gemacht wird?

Die Mehrheit! Aber wie findet man die?

Stell dir vor, dein Sportteam bekommt 1000 Euro geschenkt. Jetzt diskutiert ihr, welche Ideen sinnvoll sind: eine gemeinsame Paddeltour, um den Teamgeist zu stärken? Oder bessere Bälle für das Training? Am Ende stimmt ihr ab, und die Idee mit den meisten Stimmen gewinnt.

Hopp oder top?

Die Abstimmung ist ein wichtiges demokratisches Instrument, um Entscheidungen zu treffen. Entwirft die Regierung zum Beispiel ein neues Gesetz, wird erst mal im Parlament diskutiert: Was spricht für das Gesetz und was dagegen? Danach stimmen die Abgeordneten ab: Ist die Mehrheit dafür, wird der Entwurf umgesetzt. Ist eine Mehrheit dagegen, fällt es durch. Das ist das Mehrheitsprinzip.

Mehrheit ist nicht gleich Mehrheit

Was die Mehrheit entscheidet, gilt in der Regel für alle. Aber was genau ist eine Mehrheit? Das muss vor der Abstimmung genau festgelegt werden. So reicht es bei manchen Entscheidungen aus, wenn ein Vorschlag die meisten Stimmen bekommt: Das ist die einfache Mehrheit. Bei anderen braucht es zum Beispiel über die Hälfte aller Stimmen: Das ist die absolute Mehrheit.

Irrtum möglich!

Die Mehrheit entscheidet allerdings nicht immer richtig: So hat sich das Sportteam für die Paddeltour entschieden. Aber jetzt sind alle Bälle kaputt, und es fehlt Geld, um neue zu kaufen. Trotzdem ist das Mehrheitsprinzip der beste Weg, um möglichst vielen Menschen gerecht zu werden. Denn was wäre die Alternative? Dass nur eine einzelne Person entscheidet? Aber die liegt erst recht nicht immer richtig!

WER IST DAFÜR?
Bei einer offenen Abstimmung heben die Abgeordneten im Bundestag ihre Hand, um ihre Stimme abzugeben. Dabei können alle sehen, wer dafür und wer dagegen ist. Bei einer geheimen Abstimmung wird anonym mit Stimmzetteln abgestimmt.

FAIR ENTSCHEIDEN
Werfen wir Körbe oder üben wir dribbeln? Eine Abstimmung macht die Entscheidung leichter. Denn dann wird das gemacht, was die Mehrheit will.

Kompromiss gesucht

Bei vielen Themen gibt es gute Argumente dafür UND dagegen. Soll man zum Beispiel das Benzin teurer machen, um das Autofahren einzudämmen und so die Umwelt zu schützen? Aber dann können sich ärmere Menschen kein Benzin mehr leisten, während reiche Menschen weiter Auto fahren. Und was machen Menschen, die auf dem Land wohnen, wo nur wenige Busse und Bahnen unterwegs sind? Eine knifflige Entscheidung! Da hilft nur eins: Ein Kompromiss muss her. Man kann daher auch sagen: Demokratisch entscheiden heißt, Kompromisse zu schließen.

Streiten – aber richtig

Was bedeutet Meinungsfreiheit?

Überall da, wo Menschen aufeinandertreffen, gibt es verschiedene Meinungen. Das fängt schon in der Familie an! So hast du bei manchen Themen bestimmt eine andere Meinung als deine Eltern: zum Beispiel wann du ins Bett gehen sollst oder wie oft du dein Zimmer aufräumst.

Viele Menschen, viele Meinungen

Zu den wichtigsten Werten in einer Demokratie gehört die freie Meinungsäußerung. Das ist nur logisch: Die Menschen müssen ja frei und offen sagen dürfen, wie sie regiert werden wollen – sonst funktioniert die Volksherrschaft nicht! Doch natürlich sind nicht immer alle einer Meinung. Umso wichtiger ist es, dass man miteinander im Gespräch bleibt.

So funktioniert ein Streitgespräch

Du willst ins Schwimmbad, deine Freundin ins Kino: Eine Einigung ist nicht in Sicht! Doch wenn alle nur auf ihrem Willen beharren, kommt man nicht weiter. Dann hilft oft ein Streitgespräch. Jede Seite begründet ihre Meinung und trägt diese sachlich vor: Was spricht für oder gegen den Kinobesuch? Und was spricht für oder gegen das Schwimmbad? Wenn ihr alle Argumente kennt, ist es oft viel leichter zu entscheiden.

Die Macht des besten Arguments

Ein echtes Streitgespräch hat klare Regeln: So gewinnt nicht die Person, die am lautesten schreit, sondern die mit den besten Argumenten. Beleidigungen sind dabei klar verboten. Natürlich kann es trotzdem vorkommen, dass man sich nicht einigen kann. Aber davon sollte man sich nicht entmutigen lassen. Vielleicht findet ihr ja zu einem späteren Zeitpunkt eine Lösung.

Grenzen der Meinungsfreiheit

Die Meinungsfreiheit ist ein wichtiges Gut! Doch wenn eine Meinung andere Menschen verletzt, einschüchtert oder in Gefahr bringt, sind ihre Grenzen erreicht. Beleidigung, Verleumdung und Volksverhetzung sind deshalb nicht erlaubt.

❶ *Informiere dich und sprich mit anderen*

Bei vielen Themen im Alltag ist deine Meinung gefragt! Bringe dich aktiv ein, informiere dich und tausche dich mit anderen aus.

❷ *Bei einem Debattierclub mitmachen*

Du willst genauer wissen, wie man ein Streitgespräch führt? Dann schau mal, ob es einen Debattierclub an deiner Schule gibt.

❸ *Diskutieren statt streiten*

Überlege dir mit deinen Freunden und Freundinnen, wie ihr ein Streitgespräch auf gute Weise führen könnt – und probiert es aus, wenn ihr eine Meinungsverschiedenheit habt.

→ Das können wir tun!

Diskutieren hilft beim Verstehen

Diskussionen und Streitgespräche sind notwendig, um faire Entscheidungen zu treffen. Denn sie helfen uns, die Haltung von anderen zu verstehen und die eigene Meinung weiterzuentwickeln. Aus diesem Grund wird auch in der Politik so viel diskutiert. Und je mehr sich an diesem Meinungsaustausch beteiligen, desto lebendiger ist eine Demokratie.

Der Beginn der Demokratie

→ *Neu eingeteilt*
In der Antike teilte Kleisthenes Athen in zehn *Phylen*, also Abschnitte, auf. Jede *Phyle* stellte 50 Vertreter, die durch das Los ausgewählt wurden.

→ *Der Rat der 500*
Für jeweils ein Jahr bildeten die Vertreter den Rat der 500 (jeweils 50 Vertreter für die zehn Abschnitte). Danach wurden sie ausgewechselt.

→ *Was war die Aufgabe des Rates?*
Der Rat prüfte eingegangene Gesetzesentwürfe und bereitete die Volksversammlungen vor.

DIE AKROPOLIS IN ATHEN
Die Akropolis ist das Wahrzeichen Athens. Früher war es eine Festung, später standen hier wichtige Tempel.

Sag mal …

Amir, 10 Jahre

»Was bedeutet das Wort Diäten bei Politikerinnen und Politikern?«

»So nennt man das Geld, das die Abgeordneten für ihre Arbeit bekommen. In der Antike erhielten die Amtsträger für jeden Sitzungstag eine Geldsumme als Entschädigung. Heute wird es monatlich bezahlt.«

Mehr Macht für die Bürger

Alles begann vor rund 2500 Jahren im griechischen Stadtstaat Athen: Ein einflussreicher Politiker namens Kleisthenes setzte bahnbrechende Reformen durch. Er entmachtete die herrschenden adligen Familien und gab den Bürgern Athens mehr Mitspracherecht. Er organisierte die Verwaltung des Stadtstaates neu und legte so den Grundstein für die Demokratie.

AHA

Das Los entscheidet

In Athen wurden die meisten politischen Ämter verlost. Auf diese Weise wurden alle Bürger gleich behandelt. Denn mit etwas Glück konnte jeder ein Amt zugelost bekommen – und zum Beispiel Richter oder Beamter werden.

Auf zur Volksversammlung!

In der Demokratie von Athen waren alle Bürger vor dem Gesetz gleich, und jeder konnte mitreden oder ein politisches Amt übernehmen. Politische Entscheidungen wurden direkt in einer Volksversammlung getroffen. Die Teilnehmer prüften unter anderem die Arbeit der Beamten oder beschlossen Gesetze. So entschieden sie zum Beispiel, ob Athen einen Krieg führen oder Frieden mit einem Staat schließen soll.

Welche Rechte hatten Frauen?

Zur Vollversammlung waren alle Bürger Athens zugelassen. Als Bürger galten allerdings nur freie Männer ab 18 Jahren, deren Eltern bereits in Athen geboren waren. Frauen, Kinder, Sklaven und in der Stadt lebende Fremde waren komplett von der Volksversammlung ausgeschlossen. Und so durften um 450 vor Christus wohl nur etwa 35 000 Menschen an den Volksversammlungen teilnehmen – obwohl damals schätzungsweise 300 000 Menschen in Athen lebten!

DIE MEHRHEIT ENTSCHEIDET?
Eher nicht! Von neun Menschen im damaligen Athen galt nur einer als Bürger.

Echt wichtig: eine gute Verfassung

Aber was ist das eigentlich?

Du willst wissen, wie ein Staat funktioniert? Dann schaust du am besten in dessen Verfassung nach. Das ist die wichtigste Gesetzessammlung und so etwas wie eine Gebrauchsanweisung für den Staat. Und egal, welche neuen Gesetze ein Parlament beschließt: Sie dürfen der Verfassung nicht widersprechen. In Deutschland heißt die Verfassung »Grundgesetz«.

Was steht drin?

In einer Verfassung sind die grundlegenden Regeln zusammengefasst, die das Zusammenleben in einem Staat organisieren. Zum Beispiel, wie die Regierung gebildet wird, wer welche Rechte und Pflichten hat oder welche Aufgaben die Polizei und die Gerichte haben.

GRUNDRECHTE AUF GLAS
In Berlin an der Spreepromenade stehen Glasscheiben mit den 19 Grundrechtsartikeln des Grundgesetzes. Sie sind mit Laser in das Glas eingraviert.

Was steht in Artikel 1?

Das wichtigste und oberste Gebot steht gleich im 1. Artikel. Er lautet: »Die Würde des Menschen ist unantastbar.« Damit ist gemeint, dass jeder Mensch, unabhängig von (zum Beispiel) der Herkunft oder des Geldbesitzes, gleich wertvoll ist. Einfach dadurch, dass er Mensch ist. Und diese Würde darf niemand verletzen oder missachten.

Was sind die Grundrechte?

Die ersten 19 Artikel im Grundgesetz behandeln die sogenannten Grundrechte. Dazu gehören zum Beispiel das Recht auf Freiheit und Gleichheit vor dem Gesetz oder die Versammlungsfreiheit.

Darf das Grundgesetz geändert werden?

Artikel 1 zur »Menschenwürde« darf unter keinen Umständen geändert werden – genau wie Artikel 20. Darin ist festgelegt, dass unser Land eine Demokratie ist, dass es in Bundesländer gegliedert ist und sich an die Gesetze hält. Artikel 2 bis 19 dürfen zwar leicht angepasst werden, aber man darf sie nicht grundsätzlich umschreiben. Alle weiteren Artikel sind änderbar. Doch die Hürden dafür sind hoch!

Und wie läuft das ab?

Für eine Änderung des Grundgesetzes ist eine Zweidrittelmehrheit vom Bundestag und vom Bundesrat nötig. Es muss also sowohl die Regierung als auch ein Teil der Opposition – so nennt man die Abgeordneten, die nicht zu den Regierungsparteien gehören – zustimmen. Und das ist gut so! So kann eine Regierung nicht einfach ihre Macht vergrößern, indem sie die Regeln ändert.

Sag mal ...

Ida, 9 Jahre

»Hat jede Demokratie eine geschriebene Verfassung?«

»Die allermeisten demokratischen Staaten haben ihre Verfassung schriftlich niedergelegt. Israel, Großbritannien und Neuseeland kommen allerdings ohne aus. Feste Regeln haben diese Demokratien aber natürlich trotzdem.«

LAUT UND DEUTLICH!
Eine Demokratie lebt davon, dass die Menschen sich miteinander austauschen und laut sagen dürfen, was sie denken. Deshalb ist die Meinungs- und Versammlungsfreiheit im Grundgesetz garantiert.

Für mehr Freiheit, mehr Mitbestimmung, mehr Demokratie: Dafür gingen Tausende Menschen in der DDR monatelang auf die Straße – mit Erfolg!

AUS ZWEI WIRD EINS
Fast 40 Jahre lang ist Deutschland in zwei Teile geteilt: in die Bundesrepublik Deutschland (BRD) und in die Deutsche Demokratische Republik (DDR). Die DDR ist eine Diktatur, in der eine einzelne Partei die Macht hat. Doch am 9. November 1989 fällt die Mauer in Berlin, die Grenzen werden geöffnet. Am Ende des Jahres wird zum ersten Mal gemeinsam Silvester gefeiert. Ein Jahr später ist Deutschland wiedervereint.

Freiheit und Demokratie

Macht geteilt durch drei

So funktioniert die Gewaltenteilung

In einer Demokratie hat niemals nur einer allein das Sagen. Doch wie sorgt man dafür, dass das so bleibt und keine Partei oder Person mehr Macht an sich reißt? Ganz einfach! Man verteilt die Macht auf drei Bereiche, die sich gegenseitig kontrollieren. Diese Bereiche nennt man auch Gewalten. Die erste Gewalt beschließt die Gesetze. Die zweite setzt die Gesetze um und die dritte achtet darauf, dass die Gesetze eingehalten werden. Das ist das Prinzip der Gewaltenteilung.

DIE HÜTERIN DER VERFASSUNG
Das Bundesverfassungsgericht besteht aus zwei Senaten. Hier ist der zweite Senat mit der Vorsitzenden Doris König zu sehen. Das Bundesverfassungsgericht prüft, ob geltende Gesetze der Verfassung widersprechen.

Die gesetzgebende Gewalt

Zu dieser Gewalt gehören die Parlamente eines Staates. Diese besprechen und beschließen die Gesetze. Außerdem kontrollieren sie die Regierung. In Deutschland besteht die gesetzgebende Gewalt aus dem Bundestag und dem Bundesrat sowie den Landtagen, also den Parlamenten der Bundesländer. In Österreich sind es der Nationalrat, der Bundesrat und die Landtage.

Die ausführende Gewalt

Hierzu gehören die Bundesregierung, die Landesregierungen und die Regierungen in den Städten und Gemeinden. Auch die Behörden, die Polizei und die Staatsanwaltschaft sind Teil der ausführenden Gewalt. Die Regierung kann wie das Parlament Gesetze vorschlagen. Werden diese von der gesetzgebenden Gewalt beschlossen, setzt die Regierung sie um. Dabei helfen ihr die Behörden: Wird zum Beispiel ein Gesetz beschlossen, dass Familien mit Kindern mehr Geld erhalten, sorgen die Behörden dafür, dass die Familien das Geld bekommen.

TYPISCH DEMOKRATIE!
Die Gewaltenteilung ist heute Bestandteil jeder Demokratie.

LEGISLATIVE
gesetzgebende Gewalt

Auf Latein heißen Gesetze *leges*.

EXEKUTIVE
ausführende Gewalt

Ausführen heißt auf Latein *exsequi*, im Französischen wurde daraus *exécuter*.

JUDIKATIVE
Recht sprechende Gewalt

Auf Latein heißt Recht sprechen *iudicare*.

Die Recht sprechende Gewalt

Dazu gehören die Gerichte in einem Staat. Diese prüfen, ob jemand ein Gesetz übertreten hat, oder vermitteln bei Rechtsstreitigkeiten. In einer Gerichtsverhandlung entscheiden die Richterinnen und Richter, ob jemand schuldig ist oder wer in einem Streit recht bekommt.

Gibt es noch eine vierte Gewalt?

Oft wird die Presse als vierte Gewalt bezeichnet. Denn sie berichtet kritisch über die Politik, deckt Missstände auf und informiert die Menschen über aktuelle Ereignisse. So sorgt sie mit dafür, dass jeder sich eine eigene Meinung bilden kann.

ZU WELCHEM BEREICH GEHÖRT DIE POLIZEI?
Die Polizei gehört zur ausführenden Gewalt. Sie sorgt für die Sicherheit im Staat und schreitet ein, wenn sich jemand nicht an das Gesetz hält. Zusammen mit der Staatsanwaltschaft verfolgt sie Straftaten.

Das Dreimaleins der Demokratie

Andere Länder, andere Demokratie-Formen

Nicht alle Demokratien sind gleich aufgebaut. In Deutschland und Österreich haben wir eine parlamentarische Demokratie. Es gibt aber noch zwei andere Formen: die Präsidialdemokratie und die direkte Demokratie. Schauen wir uns diese mal genauer an!

Präsidialdemokratie

In einer Präsidialdemokratie ist der Präsident oder die Präsidentin Regierungschef/Regierungschefin und Staatsoberhaupt in einem. Die Person, die das Amt übernimmt, hat viel Macht: So kann sie einen vom Parlament vorgelegten Gesetzesvorschlag ablehnen – auch wenn die Mehrheit des Parlaments dafür gestimmt hat. Der Präsident oder die Präsidentin und das Parlament arbeiten unabhängig voneinander und haben jeweils ihren eigenen Machtbereich. Beide werden direkt vom Volk gewählt.

DER SITZ DER MACHT
In den USA gibt es eine Präsidialdemokratie. Der Sitz des Präsidenten/der Präsidentin ist das Weiße Haus in Washington D.C.

Parlamentarische Demokratie

In dieser Form haben die Parteien im Parlament eine starke Stellung und viel Einfluss. Hier ist also nicht eine einzelne Person so stark, wie es im Präsidialsystem der Fall ist. Außer Deutschland und Österreich haben viele Länder der Welt eine parlamentarische Demokratie: in Europa zum Beispiel auch Dänemark, Großbritannien oder Spanien. Frankreich hat eine Mischung aus präsidentieller und parlamentarischer Demokratie.

DIE BEVÖLKERUNG IST GEFRAGT
In der Schweiz stimmt die Bevölkerung regelmäßig über einzelne Gesetze ab.

Direkte Demokratie

Eine direkte Demokratie finden wir unter anderem in der Schweiz. Statt eines Präsidenten oder einer Präsidentin regiert hier der Bundesrat. Dieser besteht aus sieben Personen, die vom Parlament gewählt werden. Das Parlament wiederum wird vom Volk gewählt. Und vor allem stimmt die Bevölkerung regelmäßig direkt über einzelne Gesetze ab.

Das Volk macht die Gesetze

Die Bürgerinnen und Bürger dürfen auch selbst eine Gesetzänderung vorschlagen. Dafür müssen sie 100 000 Stimmen für ihren Vorschlag sammeln. Gelingt das, stimmt das Volk darüber ab, ob die Änderungen umgesetzt werden sollen. Außerdem können die Bürgerinnen und Bürger verlangen, dass sie erneut über ein vom Parlament beschlossenes Gesetz abstimmen – sofern sie dafür 50 000 Stimmen vorlegen können.

Ganz viel wählen

Viermal im Jahr stimmen die Schweizerinnen und Schweizer in der Regel an der Wahlurne über unterschiedliche Gesetze ab: Im Durchschnitt müssen sie dann Kreuzchen zu 15 verschiedenen Themen setzen. Die Bevölkerung kann also eine Menge entscheiden – und ist aktiv an der Gesetzgebung beteiligt.

AHA

Sprachen der EU

In der EU gibt es 24 verschiedene Amtssprachen. Damit sich trotzdem alle Abgeordneten verstehen können, sind ständig Übersetzerinnen und Übersetzer in Aktion: Hält jemand eine Rede, wird diese direkt in alle EU-Sprachen übersetzt. Über Kopfhörer kann man sie dann in der gewünschten Sprache hören.

Die EU – viele Staaten, eine Familie

Demokratie in XXL

DIE EU-FLAGGE
Das Blau steht für den Himmel, die Sterne für die Einheit, Solidarität und Harmonie der europäischen Völker. Der Kreis aus zwölf Sternen symbolisiert Einheit.

Bestimmt hast du schon mal von der Europäischen Union – oder kurz: EU – gehört. Das ist ein Zusammenschluss von 27 demokratischen Staaten in Europa. Ihr gemeinsames Ziel: den Wohlstand der EU-Länder zu sichern und für Frieden zu sorgen.

Viele Länder, viele Interessen

Für dieses Ziel arbeiten die Staaten in vielen Bereichen eng zusammen. So erarbeiten sie Gesetze, die für alle Mitgliedsstaaten gelten. Das ist nicht immer einfach. Denn jeder Staat hat eigene Interessen und Vorstellungen. Deshalb ist ein ständiger Austausch zwischen den Ländern umso wichtiger.

Und was haben wir von der EU?

Eine ganze Menge! Hier mal drei Beispiele: EU-Bürgerinnen und -Bürger können problemlos in jedem EU-Land arbeiten, wohnen oder studieren. Das ist in anderen Staaten nicht so leicht möglich. In vielen EU-Staaten kann man außerdem mit dem Euro bezahlen. Und die EU setzt sich für den Schutz von Kindern und bessere Kinderrechte ein – und das nicht nur in den Mitgliedsstaaten.

»Ziel der Union ist es, den Frieden, ihre Werte und das Wohlergehen ihrer Völker zu fördern.«

Vertrag der Europäischen Union, 2016

Diese Rechte sind für alle da!

Menschen- und Kinderrechte

Die Menschenrechte gelten für alle Menschen auf der Welt – ganz unabhängig davon, woher sie kommen, wie sie leben, woran sie glauben, wie viel Geld sie haben oder wie sie aussehen.

Wer hat die Menschenrechte festgelegt?

Die Menschenrechte wurden im Jahr 1948 von den Vereinten Nationen, oder kurz: der UNO beschlossen. Das ist eine Organisation, in der nahezu alle Staaten der Welt Mitglied sind. Die Ziele der UNO sind die Sicherung des Friedens und ein friedlicher Austausch zwischen den Ländern.

***»Alle Menschen** sind frei und gleich an Würde und Rechten geboren. Sie sind mit Vernunft und Gewissen begabt und sollen einander im Geist der Solidarität begegnen.«*

Allgemeine Erklärung der Menschenrechte, Artikel 1

WICHTIGE KINDERRECHTE

Natürlich gelten die Menschenrechte auch für Kinder. Aber weil Kinder in vielen Bereichen von Erwachsenen abhängig sind, brauchen sie besonderen Schutz. Deshalb führte die UNO 1989 spezielle Kinderrechte ein.

Was steht in den Menschenrechten?

Alle Menschen sind gleich wertvoll und vor dem Gesetz gleich: Das ist die Grundlage, auf der die Menschenrechte aufbauen. Unter anderem enthalten sie das Recht auf Leben, Freiheit, Gesundheit und Bildung. Folter und Sklaverei sind verboten.

Gelten die Menschenrechte immer?

Ja – allerdings können einige in bestimmten Fällen eingeschränkt werden: zum Beispiel, wenn ein Mensch wegen eines Verbrechens ins Gefängnis muss. Und leider gibt es Staaten, die die Menschenrechte nicht oder nicht immer beachten. So dürfen in manchen Ländern nicht alle Kinder zur Schule gehen. Und in anderen Regionen der Welt werden Menschen wegen ihres Glaubens oder ihrer politischen Einstellung verfolgt.

Wichtige Arbeit

Ganz wichtig ist hier die Arbeit der Presse und von Aktivistinnen und Aktivisten, die auf solche Verstöße hinweisen. Denn sie sorgen dafür, dass die Welt davon erfährt.

Zusammenarbeit mit der Polizei

Für manche Aktionen braucht die Polizei eine richterliche Erlaubnis. Zum Beispiel für die Durchsuchung einer Wohnung oder die Beschlagnahme von Gegenständen. Damit die Polizei in dringenden Fällen sofort handeln kann, kann sie rund um die Uhr einen Richter oder eine Richterin erreichen, also auch nachts!

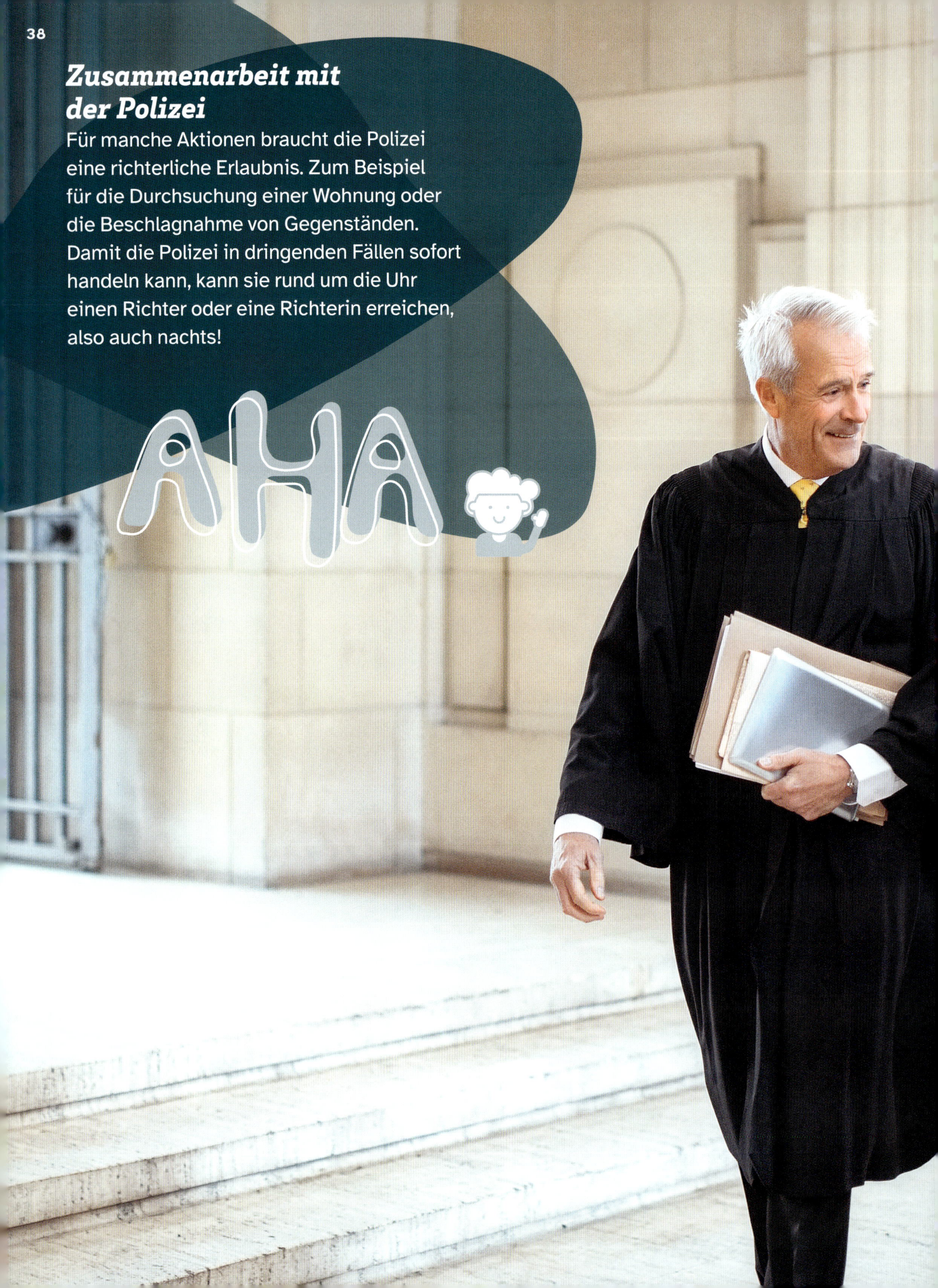

Im Gespräch mit …

Dr. Stefan Berger, Richter

Stefan leitet Gerichtsverhandlungen. Er hört sich an, wofür eine Person angeklagt wird, welche Beweise vorliegen und was zu ihrer Verteidigung zu sagen ist. Am Ende entscheidet er: Hat die Person gegen ein Gesetz verstoßen oder nicht?

KENNST DU ALLE GESETZE AUSWENDIG?

Ein paar kenne ich schon auswendig. Aber natürlich nicht alle, und das ist auch nicht nötig, denn ich kann sie ja schnell nachschlagen. Wichtiger ist es nämlich, die Gesetze richtig anzuwenden. Und das ist gar nicht so einfach. Jeder Fall ist immer ein bisschen anders. Und so gibt es oft verschiedene Meinungen, wie man ein Gesetz anzuwenden hat. Erst wenn ich mir ein genaues Bild gemacht habe, entscheide ich.

BEEINFLUSST DICH IRGENDJEMAND BEI DEINEN URTEILEN?

Nein, wir Richter und Richterinnen sind bei der Urteilsfindung unabhängig und nur dem Gesetz unterworfen. Das ist im Grundgesetz festgelegt. Unabhängig heißt unter anderem, dass uns niemand vorschreiben darf oder uns zwingen kann, wie wir entscheiden sollen.

TRÄGST DU VOR GERICHT AUCH SO EINEN SCHWARZEN MANTEL?

Du meinst die Robe! Klar! In der Regel müssen wir Richter und Richterinnen bei einer Gerichtsverhandlung eine solche Robe tragen. Denn damit zeige ich: Ich sitze hier nicht als Stefan Berger, sondern als Vertreter der Justiz.

Komm, wir machen Politik!

→ ***Du magst Tiere und die Natur?***
Dann schau mal, ob es eine Natur- und Tierschutzorganisation in deiner Nähe gibt.

→ ***Du bist im Sportverein?***
Du kannst dich in der Mannschaft und im gemeinschaftlichen Training einbringen – aber auch in der Mitgliederversammlung, wo man aktiv mitbestimmen kann.

→ ***Du schreibst gerne?***
Und magst es, den Dingen auf den Grund zu gehen? Dann könntest du bei der Schülerzeitung mitmachen.

POLITIK MACHEN WIE DIE PROFIS
In einem Kinder- und Jugendparlament diskutieren die Teilnehmenden über ein Thema, suchen nach Lösungen für ein Problem und besprechen Vor- und Nachteile.

Auch du kannst viel bewegen!

Du bist vielleicht noch zu jung, um an politischen Wahlen teilzunehmen – aber du kannst trotzdem mitreden und mitgestalten. Denn Politik begegnet uns überall, wo sich Menschen begegnen: in der Familie, auf dem Schulhof, im Verein oder auf der Straße. Und genau dort kannst auch du die Demokratie stärken – ganz egal, wie alt du bist!

In der Klasse ...

Sicher habt ihr auch zu Beginn des Schuljahres einen Klassensprecher oder eine Klassensprecherin gewählt – ein echter demokratischer Akt! Diese Schülerin oder dieser Schüler vertritt nun die Interessen eurer Klasse: So setzt er oder sie sich bei Problemen für die Klasse ein, vermittelt bei Streitigkeiten zwischen Klasse und Lehrkräften und gibt Ideen und Wünsche von Kindern an die Lehrkräfte oder Schülervertretung weiter.

... an der Schule

Spätestens ab der weiterführenden Schule gibt es auch eine Gesamtschülervertretung. Das ist sogar im Schulgesetz festgeschrieben. In diesem Parlament sitzen die Klassensprecherinnen und Klassensprecher aller Klassen. Sie wählen einen Schülersprecher oder eine Schülersprecherin, beraten über Schulthemen und stimmen ab: zum Beispiel, ob es einen Schulgarten geben soll. Sie vertreten auch die Interessen der Schülerschaft gegenüber der Schulleitung und Schulbehörde.

ALLE FÜR DIE UMWELT
Beim Thema Umweltschutz können wir alle aktiv werden. Denn nur wenn möglichst viele mitmachen, können wir viel erreichen.

Hier passiert was

Wir können in der Stadt oder unserem Ort mitsprechen.

In manchen Städten oder Gemeinden wird einmal im Jahr ein Kinderbürgermeister oder eine Kinderbürgermeisterin gewählt. Dieses Amt gibt den Kindern eine Stimme – zum Beispiel wenn neue Spielgeräte für den Spielplatz gekauft werden.

Politik ist überall!

Engagieren können wir uns nicht nur in der Schule oder bei der Gemeinde: Auch im Verein, bei der Jugendfeuerwehr oder in einer Kinder- und Jugendorganisation können wir unsere Ideen und Wünsche einbringen. Denn Leute, die anpacken und aktiv etwas bewegen wollen, werden überall gesucht!

Die digitale Welt

Wie demokratisch ist das Internet?

Vor rund 30 Jahren erfand der Physiker Tim Berners-Lee das World Wide Web. Seine Vision: eine Technologie zu erschaffen, die Menschen zusammenbringt und mit der wir Informationen unbegrenzt austauschen können. So sollte seine Erfindung auch dazu dienen, die Demokratie zu stärken. Heute ist ein Leben ohne Internet für viele kaum noch vorstellbar: Aber ist es auch demokratischer geworden?

Ein schneller Weg zur Information

Gut informiert zu sein, ist wichtig in einer Demokratie. Denn je mehr wir über ein Thema wissen, desto besser können wir uns eine Meinung bilden. Du möchtest wissen, wie die Wahlen in den USA ausgegangen sind? Oder dich interessiert die Demokratie in Indien? Kein Problem! Das Internet ist ein tolles Instrument, um sich ausführlich zu informieren.

GUT INFORMIERT
Öffentlich-rechtliche Fernseh- und Radiosender wie ARD, ZDF oder ORF bieten auch im Netz zuverlässige Informationen. Finanziert werden diese von den Bürgerinnen und Bürgern. Dadurch sind sie unabhängig vom Staat oder von großen Firmen und können neutral berichten.

So informierst du dich im Netz richtig:

1 ***Wer steckt dahinter?***
Generell gilt im Netz: Achte immer darauf, von wem die Infos sind. Kannst du nicht sehen, von wem die Infos stammen, ist Vorsicht geboten! Recherchiere besser weiter und schaue, ob du eine verlässliche Quelle findest.

2 ***Wer behauptet was?***
Egal, wo du dich im Netz informierst oder auf welchem Social-Media-Kanal du unterwegs bist: Äußert eine Person da einfach nur ihre Meinung – oder kann sie die auch begründen? Und wie gut sind überhaupt ihre Argumente?

3 ***Achtung, nicht alle sind neutral!***
Das Video oder der Beitrag ist von einer Partei oder einem Verband, der sich für ein bestimmtes Thema einsetzt? Auch dann können die Infos hilfreich sein. Du musst aber beachten: Die Quelle ist nicht neutral, denn sie will dich ja von einem Thema überzeugen.

4 ***Immer kritisch bleiben***
Zusammengefasst heißt das: immer kritisch bleiben und lieber zweimal recherchieren, als alles sofort glauben!

Wer hat's ins Netz gestellt?
Allerdings hat die Sache einen Haken: Denn online findest du zwar viele Informationen – aber sie müssen nicht unbedingt richtig sein. Deshalb ist bei der Internetrecherche immer ein kritischer Blick auf den Absender – die sogenannte Quelle – gefragt: Schließlich können alle ein Video bei YouTube oder TikTok einstellen und über ein Thema sprechen – ganz egal, ob sie Ahnung davon haben oder nicht. Auf diese Weise sind schnell falsche Informationen in die Welt gesetzt. Und oft genug werden diese ungeprüft übernommen und immer weiter verbreitet.

Achtung, Fake News!
Natürlich kann sich überall mal ein Fehler einschleichen – übrigens auch in einem Buch oder in einer Zeitung. Es gibt aber Menschen, die absichtlich die Wahrheit verdrehen und falsche Informationen verbreiten, also »Fake News«. Das können Texte, gefälschte Videos oder Fotos sein.

Ziel der Fake News
Das Ziel: Menschen zu täuschen sowie Lügen und erfundene Geschichten zu verbreiten. Wenn viele Menschen die Falschnachricht glauben, kann das großen Schaden anrichten: Wird zum Beispiel behauptet, dass eine Partei alle Haustiere abschaffen will, wenn sie gewählt wird, bekommt diese garantiert weniger Stimmen – und verliert vielleicht die Wahl.

Heldinnen und Helden der Demokratie

Sie (und viele andere!) kämpften für die Demokratie

George Washington, Politiker (1732–1799)
Die Vereinigten Staaten von Amerika (USA) gelten als erste moderne Demokratie der Welt. Ihr erster demokratisch gewählter Präsident hieß George Washington. Er arbeitete auch an der bis heute gültigen Verfassung der USA mit. Ganz wichtig waren ihm die Gewaltenteilung und die gegenseitige Kontrolle.

Eduard Lasker, Politiker (1829–1884)
Pressefreiheit, die Abschaffung der Todesstrafe, das Versammlungsrecht, ein allgemeines Wahlrecht und ein starkes Parlament: Seine Forderungen machten Lasker zu einem Vorkämpfer für die Demokratie in Deutschland – auch wenn es noch lange dauerte, bis seine Ideen alle verwirklicht wurden.

Sophie Scholl, Widerstandskämpferin (1921–1943)
Sophie Scholl war 18 Jahre alt, als in Deutschland der Zweite Weltkrieg begann. Als Mitglied der Widerstandsgruppe »Weiße Rose« riefen sie und ihr Bruder Hans zum Widerstand gegen Adolf Hitler und den Nationalsozialismus auf. Doch 1943 erwischte man sie sowie weitere Mitglieder der Weißen Rose beim Verteilen von Flugblättern: Sie wurden zum Tode verurteilt und hingerichtet.

Bertha von Suttner, Friedensforscherin und Autorin (1843–1914)

Mit ihrem Roman »Die Waffen nieder!« machte sie sich einen Namen als Friedensaktivistin. Sie gründete die österreichische Gesellschaft der Friedensfreunde und weitere Friedensgesellschaften in anderen Ländern. 1905 erhielt sie für ihre Verdienste als erste Frau den Friedensnobelpreis.

Nelson Mandela, Bürgerrechtler und Politiker (1918–2013)

Lange Zeit wurde die schwarze Bevölkerung in Südafrika systematisch benachteiligt. Nelson Mandela kämpfte für Gleichberechtigung und kam für 27 Jahre ins Gefängnis. Trotzdem setzte er sich weiter für die Versöhnung von Schwarz und Weiß ein. 1994 wurde er der erste schwarze Präsident von Südafrika.

Hannah Arendt, Philosophin (1906–1975)

»Jeder Mensch hat das Recht, Rechte zu haben«, davon war sie überzeugt. Als Jüdin floh sie zur Zeit des Nationalsozialismus von Deutschland in die USA. Ihr Grundsatz: Demokratie kann nur funktionieren, wenn die Menschen auch aktiv am politischen Leben teilnehmen.

Martin Luther King, Bürgerrechtler (1929–1968)

»Ich habe einen Traum ...«, so begann Martin Luther Kings weltberühmte Rede. Darin malte er aus, in der alle Menschen nicht nach ihrem Aussehen, sondern nach ihrem Charakter bewertet werden. Zu seiner Zeit hatten Schwarze in den USA viel weniger Rechte als Weiße: So durften sie nicht wählen, und schwarze und weiße Kinder mussten in getrennte Schulen gehen. 1968 wurde er von einem Rassisten ermordet.

Wir alle können mitmachen!

Demokratie ist das, was wir daraus machen

Aktiv mitmachen ist ein wichtiger Baustein der Demokratie. Denn sie lebt davon, dass möglichst viele Menschen sich einbringen und für demokratische Werte einstehen. Gleichzeitig müssen wir darauf vertrauen, dass die Demokratie uns tatsächlich ein gutes Leben ermöglicht. Dazu braucht es Menschen, die Probleme angehen und Lösungen finden – nicht nur in der Politik, sondern auch in unserem Alltag.

Demokratie braucht Mitarbeit

Für eine lebendige Demokratie sind aktive Bürgerinnen und Bürger ganz wichtig. Es gibt also für alle mehr zu tun, als nur ab und zu einen Wahlzettel anzukreuzen. Wir alle können mitreden und anpacken: zum Beispiel, wenn es um den Umweltschutz geht.

Demokratie braucht Toleranz

Zur Demokratie gehört: andere Meinungen aushalten! Denn jeder Mensch hat das Recht auf seine eigene Meinung. Zudem müssen wir demokratisch getroffene Entscheidungen akzeptieren – auch wenn das manchmal schwerfällt. In einer Demokratie entscheidet die Mehrheit. Gleichzeitig müssen wir fair miteinander umgehen: Nur weil ein Mensch eine andere Meinung hat, ist er noch lange kein Feind!

Demokratie braucht Rücksicht

Egal ob groß oder klein, arm oder reich, stark oder schwach: Die demokratischen Rechte und Gesetze gelten für alle Menschen gleich. Und deshalb ist es so wichtig, dass wir auf andere Rücksicht nehmen, Schwächere schützen und auf Minderheiten achten. Niemand darf diskriminiert oder unterdrückt werden. Und wenn es passiert, dürfen wir nicht wegsehen.

Demokratie braucht Vertrauen

In einer Demokratie muss die Mehrheit der Menschen das Vertrauen haben, dass die Politikerinnen und Politiker im Sinne der Bevölkerung handeln – und nicht ihre eigenen Interessen verfolgen. Deshalb sind Nachfragen wichtig, wenn wir etwas nicht verstehen: zum Beispiel mit einer E-Mail an die Bürgermeisterin. Vielleicht gibt es ja einen Grund, warum der Spielplatz immer noch nicht fertig gebaut ist.

ANPACKEN UND MITMACHEN
Die Demokratie ist für uns alle da – und wir alle werden von der Demokratie gebraucht. Mithelfen kann man in ganz vielen Bereichen.

GEMEINSAM STARK!
Nur wenn sich möglichst viele Menschen aktiv einbringen, ist unsere Demokratie stark – und nur so können wir unsere Freiheit sichern.

Wer hat dieses Buch geschrieben?

UNSERE AUTORIN
Die besten Ideen kommen ihr beim Fahrradfahren. Deshalb radelt sie viel und gerne durch die Stadt – und das nicht nur bei Sonnenschein!

»Gemeinsam können wir eine Menge schaffen.«

Im Gespräch mit ...

Andrea Weller-Essers
Kindersachbuchautorin
Fast wäre Andrea Lehrerin geworden, dann hat sie es sich aber in letzter Sekunde anders überlegt. Stattdessen schreibt sie Sachbücher für verschiedene Altersgruppen. Mit ihrem Mann und ihren Kindern lebt sie in Berlin.

WAS MACHST DU BESONDERS GERNE?

Mit meiner Familie und anderen netten Menschen draußen unterwegs sein, lesen und natürlich Bücher schreiben!

WIESO BIST DU SACHBUCH-AUTORIN GEWORDEN?

Weil ich wissen will, wie die Welt um mich herum funktioniert. Und weil ich mein Wissen gerne mit anderen teile. Die Arbeit an einem neuen Buch ist für mich wie eine Schatzsuche: Bevor ich mit dem Schreiben loslege, steht die Recherche, das Ausgraben von Aha-Fakten und das Aufspüren von spannenden Infos. Beim Schreiben geht es dann darum, auch komplizierte Sachen verständlich zu erklären.

WARUM HAST DU EIN BUCH ÜBER DEMOKRATIE GESCHRIEBEN?

Weil das ein richtig wichtiges Thema ist, das uns alle etwas angeht. Allerdings kommt es oft so kompliziert und staubtrocken daher. Dabei ist eine lebendige Demokratie doch bunt und vielfältig, also das genaue Gegenteil! Deshalb wollte ich mit diesem Buch leicht und locker über alles Wissenswerte darüber informieren.

Bildquellennachweis:
akg-images: 24; **Getty Images:** 4 (Maskot), 16or (miodrag ignjatovic), 23u (kali9); **Heise, Axel:** 45or (Graffiti von Patrick Wohlers); **Nougrigat, Cedric:** 44ur; **picture alliance:** 8-9 (Kay Nietfeld / dpa), 10ur (Arne Dedert / dpa), 12ur (JOE WIDMER / Keystone), 13u (akg images), 14 (Hauke-Christian Dittrich / dpa), 15om (Ulrich Stamm/ Geisler-Fotopress), 17ol (Florian Peljak / SZ Photo), 20u (Bernd von Jutrczenka / dpa), 26mr (Urs Schweitzer/ imageBROKER), 27u (Ulrich Stamm/Geisler-Fotopress), 28-29 (Wolfgang Kumm / dpa), 30or (Uli Deck / dpa), 31ur (Tobias C. Köhler / dpa), 34 (Michael Kappeler / dpa), 40 (HELMUT FOHRINGER / APA / picturedesk.com), 44or (Prisma Archivo), 45ol (ASSOCIATED PRESS / ADN-ZENTRALBILD), 45ml (Fabio Teixeira / AA), 45ur (Jens Knappe / 360-berlin); **Reents, Silke:** 48or; **Shutterstock:** Inh.-Verz.r (Rotislav Ageev), Inh.-Verz.ul (AlinArt), Inh.-Verz.om (photomaster), Inh.-Verz.or (Sprechblase: stoatphoto), 2-3 (Halfpoint), 5or (Hrecheniuk Oleksii), 6-7m (AlinArt), 11ml (j.chizhe), 12or (mark reinstein), 13om (Finnland: T. Lesia), 13om (Neuseeland: GocmenStudio), 13om (Deutschland: T. Lesia), 13om (Österreich: konstantinks), 13om (Weltkugel: Alody), 17ur (Karl Aage Isaksen), 18ml (photomaster), 18or (Sonsedska Yuliia), 18-19u (Pixsooz), 19ml (Sarah Holmlund), 19ul (Pinguin: Lightspring), 21o (Lopolo), 23mr (Pressmaster), 32u (Vacclav), 33mr (Milosz Maslanka), 35ml (Marian Weyo), 36or (Sprechblase: stoatphoto), 37u (Sergey Novikov), 38 (KOTOIMAGES), 41or (Holli), 42u (Ground Picture), 43ol (Timofeev Vladimir), 46ur (Ermolaev Alexander), 47 (Daisy Daisy), 48Hg. (Juri Pozzi); **Wikipedia:** 16ur (CC BY-SA 4.0 / Steffen Prößdorf), 44mr (PD / Gilbert Stuart)

Vorsatz: Shutterstock: (Mummert-und-Ibold)

Umschlagfotos: Shutterstock: U1 (Jacob Lund), **picture alliance:** U4: (Kay Nietfeld / dpa)

Gestaltung: Tessloff Verlag
Lektorat: Nina Krause
Grafik: Martina Green
Bildredaktion: Michaela Koch, Die Bildbeschaffer GmbH
Drucker: Livonia Print

www.tessloff.com

ISBN 978-3-7886-7709-1

MIX
Papier | Fördert gute Waldnutzung
FSC® C002795

✓ Hab ich schon. ✗ Brauch ich noch!